MEJORA TU CAPACIDAD DE RESILIENCIA

Las claves para salir adelante tras un duro golpe

Por Nicolas Martin

Traducido por Laura Bernal Martín

Coaching en**50MINUTOS**.es

LA RESILIENCIA

- **¿Problemática?** ¿Cómo desarrollar o reforzar la capacidad de resiliencia?
- **¿Utilidad?** Aunque a veces parece imposible superar los momentos difíciles, todo individuo posee, en diversos niveles, la fuerza necesaria para seguir avanzando y para ser feliz. Y, como en la vida los golpes duros son inevitables, lo mejor es aprender ahora a activar esta fuerza y a desarrollar resiliencia.
- **¿Contexto profesional?** Trabajo en equipo, gestión personal, gestión del estrés, etc.
- **¿Preguntas frecuentes?**
  - ¿En qué se diferencia la resiliencia del afrontamiento o del empoderamiento?
  - ¿Cuáles son los principales mecanismos del proceso de resiliencia?
  - ¿Cómo apoyarte en los que te rodean sin ahuyentarlos?
  - ¿Puede todo el mundo ser resiliente? ¿Podemos serlo de forma definitiva?
  - ¿Podemos aliviar por completo nuestro sufrimiento?
  - ¿Tenemos más posibilidades de tener éxito profesional si somos resilientes?

«De la adversidad puede nacer lo mejor», afirma Boris Cyrulnik (nacido en 1937), psiquiatra y psicoanalista francés. Forma parte del restringido círculo de los actuales expertos en el concepto de resiliencia o «renacer del sufrimiento».

Se cree que cada individuo tiene una predisposición natural

en lo que se refiere a su capacidad de afrontar las dificultades de la vida. Por supuesto, estas se manifiestan de forma diferente dependiendo de las personas, por lo que cada sufrimiento es distinto. Sencillamente, ya se trate de la pérdida de un ser querido, de una agresión, de una situación de guerra, de una catástrofe natural o incluso de un largo periodo de desempleo, de una ruptura o de una violenta discusión con una persona cercana, no existe una jerarquía entre los distintos sufrimientos por el simple hecho de que cada individuo es único. A algunos les costará mucho superar una ruptura pero, no obstante, sabrán gestionar mucho mejor que otros una agresión física. Lo que todos comparten es el dolor resultante de ese sufrimiento.

Vivir una vida exenta de golpes duros es utópico, porque el sufrimiento, independientemente de su origen, es simplemente inevitable. Por ello, es primordial aprender a aceptar este sufrimiento y conseguir controlarlo y domarlo. Sin importar la causa del dolor, cada persona debe encontrar en sí misma la fuerza para recuperarse y para continuar su camino, porque la vida sigue adelante en muchos niveles, incluido el profesional.

> «Puesto que el trabajo ocupa un lugar central en nuestra sociedad, es conveniente ver más claramente el proceso de resiliencia y la forma en la que es posible reforzarla, no porque haya que seguir trabajando como si no hubiera pasado nada, sino porque tienes la obligación para contigo mismo de seguir evolucionando a partir de todo lo que la vida te ofrece, sea bueno o malo. Así que no seas fatalista, y entonces encontrarás en medio de estos pensamientos y consejos un enfoque que harás tuyo y que te ayudará a entender las

dificultades con mayor flexibilidad. Algunas adversidades nos parecen casi imposibles de superar; otras que, sin embargo, podrían parecer más traumatizantes a ojos de la mayoría, pueden gestionarse con mayor facilidad. Este es mi caso. He llevado mucho peor la denigración sufrida en el trabajo durante mucho tiempo que una agresión física.

He tenido la mala suerte de ser víctima de una agresión cuando volvía a casa una tarde. Digo «mala suerte» porque he comprendido que estuve en el lugar equivocado en el momento equivocado. Tuve que ir al hospital solo, ya era tarde y la policía me escoltó hasta urgencias. Pero durante los días siguientes estuve muy acompañado, más de lo que nunca habría podido imaginar. Era un desfile de personas cercanas que, al venir a verme, me daban más ganas de llorar.

No estuve tan traumatizado después. En realidad no pensaba mucho en ello, quizás porque estaba ocupado con las últimas semanas de mi último año de estudios. Recuerdo que me dijeron que tenía que pasar un día, que había pasado, y que en principio no tendría que volver a pasar. Eso era lo que de alguna forma me alivió, y me decía a mí mismo que había reaccionado bien en el momento. Estaba casi contento conmigo mismo, porque la situación podría haber sido mucho más seria y mi trauma mucho más grave.
Creo que partí desde el principio de una buena base. Tuve una fase de negación, pero sobre todo, vi la situación desde muchas perspectivas, y el humor desempeñó un gran papel.

Creo que ante todo acontecimiento que implica un sufrimiento no solo es imperativo adoptar una actitud despegada, sino que también es necesario estar bien rodeado, y no dejar que el sufrimiento supere a la risa. Evidentemente, algunos sufrimientos no dejan mucho lugar al humor al principio, pero lo más importante es no dejar que se conviertan en tabúes, porque son esencialmente estos los que impiden todo proceso de resiliencia».

(Testimonio anónimo)

EL ABECÉ DEL TRABAJADOR RESILIENTE

CONCEPTO DE RESILIENCIA Y GENERALIDADES

Origen

El término «resiliencia» se utilizó originalmente en el ámbito de la física, y más particularmente en física de materiales como la metalurgia: designa un metal capaz de resistir fuertes impactos, de volver a su estado inicial después de haber sido deformado.

Es un concepto transdisciplinario que otras disciplinas han tomado prestado, como la informática, la biología, la moral, las ciencias humanas (psicología, sociología, etc.) e incluso la medicina. Todas ellas, adaptándola a las realidades de cada disciplina, han mantenido la esencia de la definición de base del concepto: la capacidad de volver al estado inicial tras una alteración. Como consecuencia, a veces se emplea este término a diestro y siniestro, y a los expertos les cuesta llegar a una definición que satisfaga a todos.

En Francia y en el mundo francófono, el concepto se comenzó a utilizar en psicología a lo largo de los años 90, sobre todo por psiquiatras y psiquiatras infantiles. Quien se impuso en la materia fue Boris Cyrulnik, cuya obra *La maravilla del dolor*, publicada en 1999, es el origen de la mediatización de la resiliencia.

Aunque se ha estudiado en el seno de la comunidad científica anglosajona durante varios decenios, se trata de un concepto relativamente reciente, mientras que su aplicación en psicología no se popularizó realmente hasta la primera década del 2000.

Definición

De forma general, la palabra «resiliencia» se emplea en diversos ámbitos para designar la capacidad para recuperarse o para soportar impactos sin ser destruido. Por su parte, la definición en el campo de la psicología se basa en la propuesta por Manciaux, Vanistendael, Lecomte y Cyrulnik (2001): se trata de «la capacidad de una persona o de un grupo para desenvolverse bien, para seguir proyectándose en el futuro a pesar de los acontecimientos desestabilizadores, de condiciones de vida difíciles o de traumas a veces graves» (citado en Anaut 2005).

En otros términos, la resiliencia se refiere a esa cualidad personal que posee cada individuo y que le permite superar un acontecimiento difícil o traumático y continuar construyendo su vida y desarrollándose a pesar de la adversidad.

LA RESILIENCIA, UN PROCESO

Es necesario considerar la resiliencia como un proceso. De hecho, incluso si hace inicialmente referencia a un estado y puede considerarse como un rasgo o un resultado en varios contextos, cuando la aplicamos a individuos hablamos ante todo de cambios progresivos y no definitivos. La capacidad de resiliencia de una persona se pone constantemente en tela de juicio, ya que cada uno evoluciona a lo largo de su existencia, de la misma forma que cada golpe de la vida es distinto; todas estas evoluciones hacen de la resiliencia un proceso.

Un concepto especialmente actual

El éxito que la noción de resiliencia ha cosechado puede explicarse por el mensaje de esperanza que deja entrever. En realidad, según esta teoría, nadie está condenado a ser infeliz, ni tan siquiera aquellos que nacen en las peores condiciones. Siempre es posible salir adelante, no hay nada escrito. Se cuestiona el concepto de fatalidad y, en este sentido, la resiliencia propone una dinámica positiva y llena de esperanzas.

Debido a la tendencia al individualismo de nuestra sociedad, este término tiene hoy en día una repercusión especial. A partir de ahora, el individuo es lo más importante, lo que le empuja a ser más exigente en lo que se refiere a su plenitud personal. Por lo tanto, cada dificultad en la vida puede convertirse en un verdadero sufrimiento. Esto, evidentemente, no significa que hoy en día suframos más que en el pasado, sino más bien que sufrimos de forma diferente y, sobre todo, que estamos más atentos a nuestros sentimientos y a cómo estos se desarrollan al enfrentarse a las adversidades. De alguna forma, todo el mundo se ha vuelto más vulnerable porque está más expuesto a sus sentimientos.

Además, en un contexto económico, político y social extremadamente cambiante, es incluso más probable aún que una persona atraviese no uno, sino varios períodos difíciles a lo largo de su vida. Y, no obstante, los ejemplos no cesan de demostrar que, a pesar de la dureza de las adversidades que sufrimos, una persona puede lograr recuperarse gracias a su voluntad, a su fuerza interior y a su capacidad de resiliencia –de ahí la necesidad de comprender cómo funciona el proceso y cómo adquirir una mayor resistencia a los avatares de la vida.

COMPRENDER LOS MECANISMOS Y LOS PROCESOS

Los factores de resiliencia

Se han llevado a cabo numerosos estudios sobre diferentes grupos de personas que han vivido situaciones difíciles y traumáticas (guerra, pobreza, enfermedad). Estos estudios han permitido revelar diferentes categorías de recursos que favorecen la resiliencia, y que pueden concernir a los individuos, las familias, las comunidades o las sociedades. De esta forma, distinguimos cuatro grandes niveles de resiliencia, en los que se clasifican los distintos factores:

- la resiliencia individual (recursos de la personalidad);
- la resiliencia familiar (recursos fruto de los vínculos familiares);
- la resiliencia comunitaria (recursos procedentes de la comunidad);
- la resiliencia social (recursos aportados por la sociedad).

En la tabla se muestran más detalladamente algunos factores que permiten facilitar la resiliencia, para que tengas una idea de los distintos elementos que existen a tu alrededor.

Factores de resiliencia

Factores de resiliencia individual	Factores de resiliencia familiar	Factores de resiliencia comunitaria	Factores de resiliencia social
• Inteligencia • Talentos • Carácter fácil • Flexibilidad • Sentido del humor • Confianza en uno mismo • Madurez • Formación escolar • Introspección • Género y edad • Sentimiento de utilidad • Capacidad de proyectarse en el futuro	• Edad de los padres • Número de hijos (<5) • Espacio entre los nacimientos • Espacio físico suficiente • Apoyo y afecto • Espiritualidad, ideología • Disciplina educativa • Justicia intrafamiliar • Oportunidades de participación	• Misma situación • Comunidad social: colegio, barrio, asociaciones, etc. • Comunidad religiosa o ideológica • Solidaridad • Expectativas elevadas • Oportunidades de implicarse • Valores de cooperación y tolerancia social	• Valores de cooperación y de tolerancia sociales • Altas expectativas • Oportunidades • Normas sociales y políticas para combatir la pobreza • Control legal de armas estricto • Control legal de drogas y de alcohol estricto

Factores de resiliencia individual	Factores de resiliencia familiar	Factores de resiliencia comunitaria	Factores de resiliencia social
• Buen sentido de la identidad • Orientación espiritual • Locus de control interno • Habilidad para resolver problemas • Autonomía • Capacidad para distanciarte de un entorno alterado• Competencias sociales • Empatía • Altruismo • Sociabilidad, popularidad • Percepción de una relación positiva con un adulto	• Calidad de la comunicación • Interacciones cálidas y positivas • Hijo percibido como una riqueza, con futuro • Habilidad para enfrentare a un imprevisto• Habilidad para resolver conflictos • Valores compartidos • Situación financiera estable • No posesividad • Ausencia de separación en edad temprana • Presencia de una figura paterna	• Diversidad de apoyos y recursos sociales • Alto nivel de instalaciones sanitarias, formativas, de alojamiento, de seguridad, de ocio y de transportes	• Mensajes de apoyo a la no violencia en los medios de comunicación y otros • Sociedad y cultura • Tasa de desempleo • Tasa de criminalidad baja

Consejo práctico

Es posible, por tanto, hacer un inventario, a escala y de forma regular, a partir de estos factores para ser consciente de aquellos de los que disponemos y que pueden favorecer el proceso de resiliencia.

Analizaremos principalmente la primera categoría de factores, puesto que cada persona puede actuar en ella, sobre todo en el ámbito profesional. Además, es posible simplificar la clasificación y reducir los factores que permiten evaluar la capacidad de resiliencia a siete, todos ellos relacionados con la personalidad, pero en cuyo desarrollo desempeñan un importante papel tanto el entorno familiar como el comunitario:

- la perspicacia;
- la independencia;
- la aptitud para las relaciones;
- la iniciativa;
- la creatividad;
- el humor;
- la moralidad.

Cuanto más cuenta una persona con estos factores, más susceptible es de recuperarse rápidamente de una importante conmoción. Por lo tanto, estos factores sirven como indicadores de resiliencia. No obstante, es necesario mantenerse alerta, ya que algunas variables pueden, a pesar de todo, frenar el proceso de resiliencia en gran medida, como la intensidad del trauma, la brusquedad de la agresión, el estado de salud mental anterior a la conmoción o incluso la ausencia de vínculos sociales, profesionales y culturales.

Los mecanismos de resiliencia

La resiliencia, actualmente llamada «psicología positiva», es un proceso dinámico que permite que una persona o un grupo que haya sufrido un trauma se recupere y lleve una vida que juzgue satisfactoria. Es preciso añadir el carácter «evolutivo» de este proceso dinámico, porque sobra decir que la resiliencia nunca se adquiere de forma definitiva. Y, si bien la mayoría de expertos en la materia explican que se adquiere a lo largo de la infancia, no hay que olvidar que se trata de una capacidad fundamental que cada individuo posee y que podemos desarrollar. Todos somos capaces de transformar nuestra realidad, siempre que esta saque de nosotros y de nuestro entorno los elementos que necesitemos para inscribirnos en este proceso y generar esta capacidad de resiliencia.

Boris Cyrulnik recoge ocho mecanismos que permiten recuperarse después de una conmoción:

- la defensa-protección;
- el equilibrio frente a las tensiones;
- el compromiso-desafío, el hecho de negarse a desanimarse, de desafiar al sufrimiento;
- la recuperación, el hecho de dejar de sufrir por un episodio doloroso y de volver a ser el sujeto activo de su propia vida;
- la evaluación, es decir, tomar conciencia del trauma;
- la significación-evaluación, o el sentido que se le da a la adversidad;
- el positivismo;
- la creación, es decir, el cambio de perspectiva, la construcción de algo nuevo y más fuerte.

Cada uno de estos ocho «caminos» lleva a una mayor resiliencia. Dependiendo de su trayectoria personal y de sus preferencias innatas, cada persona tenderá a tomar una u otra vía. De este modo, una persona que haya vivido, por ejemplo, el abandono de uno de sus padres, mostrará sin duda una cierta predisposición a inscribirse en una lógica de defensa-protección. Alguien positivo que haya sufrido una gran decepción sentimental podrá decidir poner en marcha sus mecanismos de positivismo para recuperarse de dicha decepción: seguirá un proceso de compromiso-desafío al intentarlo de nuevo.

A nivel profesional no existe un mecanismo que funcione mejor que otro. Lo importante es conocerlos, ya que la toma de conciencia suele ser muy beneficiosa y permite continuar avanzando hacia el fortalecimiento de la capacidad de resiliencia. Además, es posible pasar por varias vías, de forma simultánea o sucesiva, para superar un obstáculo.

DESARROLLAR LA RESILIENCIA

Es esencial comprender los factores, los mecanismos y los procesos que permiten desarrollar la resiliencia en caso de que suceda un acontecimiento especialmente difícil. Pero esto no es más que una etapa que permite preparar el terreno.

Stefan Vanistendael (nacido en 1951), sociólogo, demógrafo y secretario general adjunto, encargado de la investigación y el desarrollo en la Oficina Internacional Católica de la Infancia (BICE, por sus siglas en francés), destacó que hay dos elementos esenciales para construir las bases de la resiliencia: el vínculo y el sentido. A partir de estos, vamos a exponer a continuación algunas pistas que puedes intentar explorar para mejorar tu resiliencia.

Crear vínculos sociales

Las relaciones que mantienes con tu entorno, con tu familia y con tus amigos son muy importantes. El apoyo brindado por tus próximos puede ser determinante. Pero mira más allá. Algunas relaciones profesionales, algunos encuentros o algunas personas que conoces, pero con las que tienes contacto de forma más irregular, también pueden ofrecer un apoyo en el que nunca antes habrías pensado. Pasa tiempo con estas personas también si se presenta la ocasión. Tendrás que fiarte de tu instinto para distinguir a aquellos que pueden aportarte ese apoyo en caso de que atravieses un período difícil.

Dedicar tiempo para uno mismo de forma regular

Buscar apoyo en el entorno no significa apoyarse única y exclusivamente en el mismo. Cuando atravesamos malos momentos, es esencial escucharse y escuchar las necesidades más primarias, como comprar algo determinado para comer, pasar una tarde viendo series, hacer deporte, ir a un lugar en concreto a leer o a escuchar música, etc. Todo el mundo es sensible a ciertas pequeñas cosas que le sirven de consuelo. Fíjate en aquello que te gusta y que te sirve como recurso. Aunque los ejercicios de relajación tienen virtudes innegables, cada uno se relaja a su manera.

Atreverse a llevar a cabo una introspección y un análisis profundo de la situación

Aunque pueda resultar desagradable, a menudo es necesario interesarse por los pormenores de una situación difícil, sea a nivel personal o exterior. Muchos ya son conscientes de ciertos elementos, y esta primera percepción ya es un gran paso hacia delante, porque significa que se ha comenzado a trabajar. No obstante, es esencial seguir con el proceso de introspección hasta el final para, a continuación, poder tomar las decisiones que sean necesarias con conocimiento de causa.

Confiar en el optimismo y en el positivismo

Esto puede parecer un cliché, pero pensar de forma optimista y positiva es algo que se trabaja a largo plazo con el objetivo de convertirlo en un verdadero estilo de vida. Las personas que tienen tendencia a vivir en el miedo y a permanecer constantemente en alerta acaban provocando los acontecimientos que querían evitar y los viven como una fatalidad. El desarrollo del optimismo y del positivismo se lleva a cabo día a día, tanto a través de pequeños detalles cotidianos como de elementos más importantes. En cualquier circunstancia, intenta ser consciente de lo que piensas y cuestiónalo si se trata de una visión pesimista –que incita al desánimo, a la denigración de ti mismo y a la inacción–, con el objetivo de convertirla en algo más positivo.

Tener el humor por bandera

Por supuesto, no todo el mundo se encuentra en el mismo barco en lo que a humor se refiere; no obstante, a todos nos gusta reír y sonreír. Cuando somos capaces de reírnos de una situación grave o complicada, significa que el proceso de distanciamiento con respecto a esta funciona. Esto no ocurre de un día para otro, pero pase lo que pase, no dejes que un periodo difícil se lleve tu capacidad de reír y hacer reír. Es un arma poderosa, un factor de resiliencia hercúleo que te permite ver las cosas desde otro ángulo y con más desapego. No obstante, procura no utilizarla únicamente como barrera contra el dolor, negándote a profundizar en el problema.

Mantenerse atento a la alimentación

Hay estudios que demuestran que existe un vínculo muy fuerte entre la manera en la que nos alimentamos, la condición física y el estrés. Vivir un acontecimiento traumático o atravesar una situación difícil debilita nuestra fuerza física. Cuando estamos cansados, tendemos a descuidar el deporte y la alimentación, y el círculo vicioso no acaba nunca. Presta atención a estas señales físicas; come sano, practica una actividad física y, sobre todo, cuida de tu sueño, porque los beneficios de este son más que conocidos.

Recurrir a un profesional de la salud

Algunas personas necesitarán un apoyo adicional, y los profesionales de la salud serán indudablemente eficaces. Aunque demostrar resiliencia es una cualidad más que útil, en algunas situaciones pueden surgir síntomas de depresión o de ansiedad. Mientras que algunos se sienten capaces de afrontar estos acontecimientos sin ayuda, otros no tienen que dudar en recurrir a especialistas. Cada vez hay más personas que se benefician de este apoyo de manera regular.

CONVERTIRLO EN UNA FORTALEZA A NIVEL PROFESIONAL

Son muchas las organizaciones que han comprendido que es necesario desarrollar resiliencia tanto a nivel del equipo directivo como del personal. Como todo el mundo es susceptible de enfrentarse un día a jornadas laborales especialmente largas, a una importante carga de trabajo o a un ambiente estresante, es completamente lógico que, a medida que las investigaciones avanzan en este tema, las organizaciones se impregnen del mismo y pongan en marcha formaciones y herramientas que favorezcan el proceso y que eviten cualquier situación complicada en el trabajo o procedente del trabajo.

¿Por qué la resiliencia es tan importante desde un punto de vista organizacional o profesional? Esencialmente, porque comprender aquello que permite favorecer la resiliencia es cada vez más imperioso en un contexto mundial de hipercompetitividad, de complejidad, de crisis y de cambios constantes. Por ello, poner en marcha mecanismos que favorezcan su desarrollo entre los trabajadores resulta fundamental: por una parte, porque la capacidad de adaptación de una organización pasa principalmente por la capacidad de adaptación de sus trabajadores; por otra, porque este contexto mundial en movimiento limita las capacidades que cada individuo posee para anticiparse y adaptarse a los cambios organizacionales. Una situación paradójica que, por ello, puede ser una fuente potencial de dificultades a nivel profesional.

A nivel individual

Gilles Teneau, especialista francés en resiliencia en organizaciones, ha estudiado varios aspectos, sobre todo los efectos positivos que tienen las personas resilientes en las organizaciones, que atenúan el estrés de sus compañeros. Llamados *toxic handlers*, «catalizadores de sufrimiento» o incluso «absorbentes de angustia», estos individuos son capaces de liberar energía, de demostrar una escucha activa y de aliviar el peso de las relaciones, todo ello manteniéndose al margen de los tradicionales juegos de poder existentes en el mundo del trabajo. Se distinguen gracias a varias características:

- su capacidad de situarse al nivel de los sentimientos;
- su capacidad de dotar de sentido a los acontecimientos;
- su capacidad de aceptar al otro sin condiciones.

Saber detectarlos permite inspirarse en ellos. Estos perfiles, independientemente de que hayan logrado un cierto grado de resiliencia tras un acontecimiento impactante o de que la hayan podido construir a lo largo de los años, permiten a un equipo –y, por extensión, a una empresa– inscribirse en una lógica extremadamente actual, completamente diferente de los razonamientos clásicos en materia de organización profesional.

A nivel organizacional

Las organizaciones, por su parte, también desempeñan un papel. Pueden actuar sobre distintos aspectos para reforzar la resiliencia de sus trabajadores sin esperar toparse con un problema, ya que los individuos resilientes son individuos competentes. Jean-Christophe Barralis, psicólogo practicante francés, también ha avanzado en este tema partiendo de la hipótesis de que los intercambios sobre los triunfos y los éxitos de un equipo suscitan creatividad, esperanza, motivación y compromiso.

En concreto, el desarrollo de la resiliencia puede ser iniciado y apoyado por la organización, y por tanto por el equipo directivo y/o gestor a través de acciones específicas:

- fijarse en las fuerzas y las cualidades de los trabajadores y apoyarse en estas observaciones para gestionarlos;
- centrar la atención en los éxitos;
- ofrecer una dirección en la medida de lo posible;
- comprender el contexto de trabajo de los trabajadores (carga de trabajo);
- cultivar un clima de confianza;
- suscitar cohesión, cooperación, solidaridad y generosidad;
- estimular la autonomía;
- favorecer la difusión de emociones positivas;
- reconocer tanto los esfuerzos como los resultados;
- dar ejemplo.

GUIÑO AL EMPLEADOR

Algunas empresas no han dudado en tomar la delantera y poner en marcha programas, formaciones y herramientas para favorecer la resiliencia en todos los niveles, con efectos innegables sobre las enfermedades mentales y otras manifestaciones de problemas relacionados con el trabajo, como el absentismo o las repetidas bajas por enfermedad. Nada te impide hacer *benchmarking* en otras organizaciones que hayan puesto en marcha estas medidas y debatirlo en el seno de tu empresa. Favorecer la resiliencia en el seno de una organización no tiene más que ventajas.

OBSTÁCULOS Y PELIGROS

La resiliencia es un concepto útil para quien quiere seguir adelante a pesar de los contratiempos que nos reserva la vida. Pero desarrollar la resiliencia no siempre es fácil, y el camino hacia una vida equilibrada y sana está lleno de obstáculos. Saber detectarlos, anticiparte a ellos y ser plenamente consciente de ellos permite, por una parte, no poner en peligro el trabajo iniciado y, por otra, partir de nuevas bases aún más estables que la resiliencia que se apoya en la comprensión de los mecanismos en acción. Entonces, ¿qué obstáculos pueden interferir?

- Algunos no logran hacerse una idea de su sufrimiento, en la medida en que la realidad es demasiado difícil de aceptar y el trauma demasiado grave. No tienen una visión clara de los parámetros que entran en juego, no son capaces de comprender de dónde viene su sufrimiento, lo que provoca en ellos, etc. No obstante, no hablamos de negación, porque la persona comprende de forma confusa que hay un problema e intenta hacerse una idea del mismo, sin lograr superar esta etapa. Si seguimos la lógica de Boris Cyrulnik, cuando este proceso no es posible o se ha vuelto difícil, el individuo no logra dominar el trauma y la capacidad de resiliencia se ve gravemente comprometida.

- Otro peligro reside en el apego al sufrimiento que se desarrolla en ocasiones. No se puede descartar esta posibilidad. Algunas personas son conscientes de haber vivido un acontecimiento traumático pero, en lugar de comenzar un proceso de reconstrucción, entran una peligrosa relación con el sufrimiento que padecen. Algunos se regodean de esta forma en el sufrimiento, eligiendo lo más fácil, el estatus de víctima, en vez de tomarse la molestia de luchar para recuperarse.

- Asimismo, demostrar resiliencia no significa hacerse el duro, convertirse en alguien inquebrantable o guardarse todo en uno mismo sin pedirle ayuda a nadie, porque la soledad es la forma más segura de evitar la resiliencia. Aunque, por supuesto, a veces es bueno centrarse en uno mismo para afrontar ciertas situaciones complicadas, alejarse de todo y de todos puede entorpecer el proceso y fragilizar desmesuradamente las resistentes bases que creíamos haber construido.

- Al contrario, algunos individuos tenderán a apoyarse por completo en otras personas y a descuidar el aspecto personal e individual del proceso. Aunque a veces es difícil mantener el equilibrio entre ambos aspectos, es posible tomar consciencia de los mismos, sobre todo cuando no te sientes capaz de estar solo ni durante un solo día. El entorno es, por supuesto, un apoyo esencial, pero es necesario desarrollar la resiliencia uno mismo y para uno mismo.

- Por el camino, algunos tendrán la tentación de entrar en

una lógica de negación, pensando que se trata de una base sólida. No obstante, negar la existencia del sufrimiento va en contra de los mecanismos que permiten desarrollar capacidades de resiliencia reales.

En todos los casos, la flexibilidad será tu mejor aliada. Desarrollar la resiliencia implica utilizar la capacidad de resistencia a una conmoción de diversas formas. No nos hacemos resilientes de forma definitiva, sino que reutilizamos estas capacidades bajo diversas formas y adaptadas a cada situación. Así, si un colega critica tu presentación, puedes pensar en valerte del humor; si fallece un amigo, puedes refugiarte en tus parientes y amigos, que podrán apoyarte; etc.

Dado que la resiliencia no es algo definitivo ni fijo, se trata entonces de un equilibrio que se logra entre la gestión de los aspectos negativos de un sufrimiento o de un trauma y la capacidad de construir de esta situación una fuerza que permita seguir viviendo de manera saludable y serena. No obstante, este equilibrio es frágil, por el simple hecho de que las situaciones difíciles se suceden y no se parecen las unas a las otras. Por ello, es necesario adaptarse y hacer evolucionar constantemente los mecanismos de resiliencia, incluso cuando creemos que somos lo suficientemente fuertes como para capear cualquier temporal. Es un proceso continuo, una actitud, un «estilo de vida», una forma de pensar y de actuar que permite ser cada vez más capaz de hacer frente a situaciones difíciles a partir de la capacidad de pensar de forma diferente.

LOS MEJORES CONSEJOS

- Mantén y fomenta los contactos sociales. Tu red social –familia, amigos y conocidos– desempeña y desempeñará siempre un papel esencial. Todas estas personas te permitirán encontrar la ayuda y el apoyo en los momentos difíciles. Por consecuencia, ampliar esta red significa aumentar tus posibilidades de encontrar consuelo cuando sientas la necesidad, mientras que la atención y la escucha que ofrecerás a los demás no podrá generar más que efectos beneficiosos. A partir de ahora, ¿por qué no implicarte en una asociación o en una organización, por ejemplo?
- Evita decirte a ti mismo que los periodos de crisis son insuperables. No puedes evitar que vivir ciertas cosas sea especialmente difícil y estresante. En cambio, puedes cambiar la forma de interpretar estos duros golpes para responder de manera menos fatalista. ¡Sé positivo! Es esencial intentar ver más allá de la situación y proyectarse en acontecimientos más agradables. Porque no, no hay ninguna razón por la que tengas que privarte para siempre de momentos de felicidad.
- Acepta que el cambio forma parte del curso de las cosas. Todo cambia, incluido tú. Lo importante es saber acompañar esos cambios, adaptarse.
- Fíjate objetivos. En este punto no se trata de ser rígido y querer alcanzarlos a toda costa. Tienes que avanzar en esta dirección, logrando día a día cosas que te acerquen a tu meta. Te verás progresivamente sumido en una dinámica virtuosa y evolucionarás con mucha más deter-

minación y flexibilidad.

- Toma decisiones firmes. Siempre puedes actuar contra golpes duros demostrando firmeza en tus elecciones y en tus decisiones. Actúa sobre aquellos elementos en los que puedas tener influencia.
- Busca esas oportunidades para explorar tu personalidad. Una situación difícil también es una forma de descubrirse desde un nuevo ángulo y de hacerse más resiliente. Vivir periodos de crisis y lograr superarlos permite gestionar mejor las relaciones sociales, tener más autoestima, sentirse más fuerte –aunque sigamos siendo vulnerables–, apreciar mejor las diferentes cosas que forman parte de la vida y aprender de ellas.
- Ten una imagen positiva de ti mismo. Desarrolla confianza en tu capacidad para solucionar problemas. A lo largo de los años, todos comenzamos a conocernos y a saber cómo funcionamos. Intenta detectar las medidas que te han permitido sentirte mejor en situaciones difíciles en el pasado; desarrollarás una mayor agilidad para reaccionar de forma adaptada.
- Ve las cosas con perspectiva. Tendemos a exagerar ciertos aspectos y a imaginarlos de forma desproporcionada. Intenta, sobre todo, reubicar los elementos en un contexto más amplio, comprender qué ha podido llevar a esa situación o por qué reaccionas de esa forma. Entender es la piedra angular.
- Ten confianza en el futuro y en lo que tiene para ofrecerte, porque el optimismo acarrea acontecimientos felices. Además, siempre es más constructivo intentar visualizar aquello a lo que aspiras que tener miedo de aquello que podría evitar que lo lograras.

- Asume lo que eres, tu trayectoria y tu situación. Acepta la forma en la que ciertas cosas han ocurrido, la forma en la que otras pasarán, pero también que tienes la posibilidad de influir y de hacer que determinadas situaciones evolucionen. A veces es útil decirse «de acuerdo, esto no va nada bien, he encadenado varios golpes duros. Es un hecho. Me mina la moral». Y, a partir de ahí, piensa en lo que ya tienes en tu vida que puede permitirte volver a encarrilarte y demostrar resiliencia. Intenta identificar aquello que es susceptible de funcionar para ti y en tu situación. Después, serás capaz de reproducir ese esquema de forma adaptada.

PREGUNTAS FRECUENTES

¿EN QUÉ SE DIFERENCIA LA RESILIENCIA DEL AFRONTAMIENTO O DEL EMPODERAMIENTO?

Incluso teniendo en cuenta que la delimitación de la definición del concepto de resiliencia es tema de debate, la resiliencia aporta un matiz más que los conceptos de afrontamiento o de empoderamiento.

- **El afrontamiento,** o *coping* en inglés, tiene como objetivo reforzar la capacidad de gestión de la ansiedad y de control de los miedos. Es el conjunto de los esfuerzos y de los procesos desplegados por un individuo entre él mismo y un acontecimiento que percibe como amenazante o estresante, para dominar, tolerar o disminuir el impacto de ese acontecimiento sobre su bienestar físico y psicológico. Se trata, finalmente, de aprender a enfrentarse a la adversidad mediante cualquier método.
- **El empoderamiento**, o *empowerment* en inglés, es un proceso o un enfoque que pretende permitir que los individuos tengan más poder de acción y de decisión, más influencia sobre su entorno y sobre su vida. Esto supone que cada individuo posee un potencial y recursos y que debe poder utilizarlos para mejorar sus condiciones de vida y para dibujar el camino hacia una mayor igualdad. Este término, a menudo utilizado en inglés, significa «poder de actuación» o «desarrollo del poder de actuación».
- **La resiliencia**, por su parte, aporta un matiz más a estos

dos conceptos, ya que permite superar lo negativo y avanzar de forma positiva para continuar viviendo lo mejor posible. El afrontamiento o el empoderamiento no llevan necesariamente a este aspecto de bienestar general. Solamente responden a situaciones difíciles valiéndose de distintos recursos, sin preocuparse por saber si el resultado será profundamente positivo a nivel psicológico o físico.

¿CUÁLES SON LOS PRINCIPALES MECANISMOS DEL PROCESO DE RESILIENCIA?

Los especialistas en la materia han encontrado varios mecanismos que aquellos que han vivido un acontecimiento especialmente difícil ponen en marcha, a veces sucesivamente, para contrarrestar estas trayectorias negativas:

- la defensa-protección;
- el equilibrio frente a las tensiones;
- el compromiso-desafío;
- la recuperación;
- la evaluación;
- la significación-evaluación;
- el positivismo;
- la creación.

Entre estos mecanismos, nos encontramos con algunas herramientas que permiten ser aplicadas, como el humor, un factor de resiliencia que desarrollan especialmente las personas resistentes a las sacudidas de la vida. Esta capacidad para reírse de uno mismo frente a su trauma destaca una apropiación real y una voluntad de no regodearse en la tristeza y de dejar ser percibido por los demás como víctima.

Algunas personas optan por la negación, creyendo que hacerse pasar por una persona fuerte les protegerá de la piedad de su entorno y anulará los efectos del acontecimiento traumatizante. Sin embargo, la negación no es un mecanismo de resiliencia propiamente dicho, ya que este rechazo se basa simplemente en omitir el hecho traumático y no en comprenderlo o apropiarse de él para transformarlo. El rechazo genera una fragilidad interior que pone en peligro todo el proceso.

¿CÓMO APOYARTE EN LOS QUE TE RODEAN SIN AHUYENTARLOS?

El entorno —familia, amigos y conocidos— desempeña un papel esencial. Permite hablar del sufrimiento, percibirlo desde distintos ángulos para aprender a dominarlo mejor. Pero también es importante que esas personas se sientan a gusto con el tema cuando hables de él. Para poder hablar libremente y de forma constructiva, no tienen que sentir que es un tabú ni que deben tratarlo con delicadeza. Por lo tanto, solo cuando tú mismo hayas logrado, de antemano, desdramatizar en tu interior el sufrimiento, podrás apoyarte realmente en tu entorno.

¿PUEDE TODO EL MUNDO SER RESILIENTE? ¿PODEMOS SERLO DE FORMA DEFINITIVA?

Si partimos del principio de que cada uno posee en sí mismo

las capacidades que le permiten superar un sufrimiento y continuar avanzando sin cerrarse a toda forma de felicidad, todo el mundo puede *a priori* demostrar resiliencia. En cambio, la resiliencia nunca se consigue por completo; es un proceso continuo que desarrollamos a lo largo de nuestra existencia.

Lo que está claro es que frente al sufrimiento existe esta dualidad: podemos desanimarnos o luchar. Y esta es una elección que depende de las personas y de sus situaciones: algunos decidirán poner en marcha mecanismos de resiliencia para no seguir siendo víctimas de este sufrimiento; otras no serán conscientes de las capacidades de las que disponen y elegirán otras alternativas, como la negación, a riesgo de cargar con el sufrimiento bajo diversas formas.

¿PODEMOS ALIVIAR POR COMPLETO NUESTRO SUFRIMIENTO?

La resiliencia no es una solución milagrosa que permite vivir sin volver a pensar en el sufrimiento padecido, como si nunca hubiera existido. Es necesario comprender que el objetivo es lograr recuperarse después de enfrentarse a dificultades. De esta forma a menudo el sufrimiento se domina y se transforma, pero nunca desaparece por completo. No obstante, este deja de ser un freno al desarrollo personal y a una existencia feliz, porque se ha transformado en fuerza vital.

¿TENEMOS MÁS POSIBILIDADES DE TENER ÉXITO PROFESIONAL SI SOMOS RESILIENTES?

El éxito profesional no depende de la capacidad de resiliencia de una persona. En cambio, demostrar resistencia en el trabajo permite crear un círculo virtuoso que puede, eventualmente, conllevar una buena gestión de los problemas, una mejor percepción de las oportunidades que se presentan, o convertirse en un pilar para el equipo.

Las personas resilientes tenderán a liberar una energía sana y positiva. Sabrán enfrentarse mejor tanto a pequeñas presiones puntuales como a grandes periodos de estrés, sin transferir este último a otras personas o guardárselo dentro. Además, serán con más probabilidad fuente de nuevas ideas, de nuevas formas de percibir las situaciones que se presenten: a menudo, propondrán caminos más innovadores y más adaptados a las dificultades con las que se encuentren.

Demostrar resiliencia permite sobre todo inscribirse en una lógica positiva teniendo confianza en el futuro, lo que permite soportar eventuales fracasos profesionales con más flexibilidad y no dejarse desestabilizar por los imprevistos.

¡AHORA ES TU TURNO!

Stefan Vanistendael y Jacques Lecomte, en su obra *Le bonheur est toujours posible. Construire la résilience*, resumieron los componentes de la resiliencia bajo la forma de una pequeña casa llamada «la casita». Este modelo ofrece una síntesis visual de todos los elementos y de su importancia en lo relativo al nacimiento de un proceso de resiliencia; puede permitirte asentar las bases para que puedas percibir mejor aquello de lo que ya dispones y aquello que te falta o que aún no es lo suficientemente sólido como para garantizar un desarrollo eficaz.

Aunque es cierto que «la casita» tiene que adaptarse a cada situación personal, ambos autores insisten en que se trata de un símbolo muy poderoso, porque la casa y el hogar suelen remitir a un sentimiento de seguridad y de apoyo. Las conexiones entre las habitaciones, comunicantes o no, permiten visualizar claramente los distintos elementos y puntos de interés: la resiliencia se construye basándose en varios factores que interaccionan entre sí. Tú te encargas de determinar cuáles.

La casita

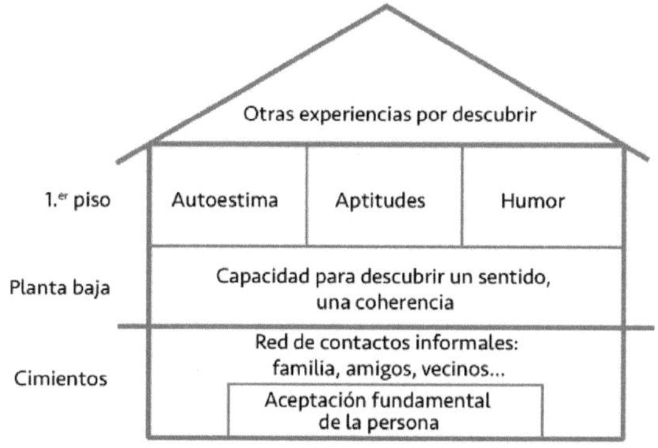

Otras experiencias por descubrir
1.er piso
Autoestima
Aptitudes
Humor
Planta baja
Capacidad para descubrir un sentido,
una coherencia
Cimientos
Red de contactos informales:
familia, amigos, vecinos...
Aceptación fundamental
de la persona

PARA IR MÁS ALLÁ

FUENTES BIBLIOGRÁFICAS

- Anaut, Marie. 2005. "Le concept de résilience et ses applications cliniques". *Cairn.info*. Consultado el 16 de junio del 2015. http://www.cairn.info/zen.php?ID_ARTICLE=RSI_082_0004
- Brissiaud, Pierre Yves. 2001. *Surmonter ses blessures. De la maltraitance à la résilience*, Thonex: Jouvence.
- Brissiaud, Pierre Yves. 2008. *La face cachée de la résilience. Guérir vraiment ses blessures intérieures.* Thonex: Jouvence.
- Cyrulnik, Boris. 1993. *Les nourritures affectives.* París: Odile Jacob.
- Cyrulnik, Boris. 2002. *Un merveilleux malheur.* París: Odile Jacob.
- Cyrulnik, Boris. 2009. *La résilience ou comment renaître de sa souffrance?* París: Odile Jacob.
- Cyrulnik, Boris. 2012. *Résilience. Connaissances de base.* París: Odile Jacob.
- Péters, Sophie. 2013. "La résilience au travail... C'est possible!". *La Tribune.* 27 de noviembre. Consultado el 16 de junio del 2015. http://www.latribune.fr/blogs/mieux-dans-mon-job/20131127trib000798064/la-resilience-au-travail-c-est-possible-.html
- Péters, Sophie. 2014. "La résilience au travail". *Le Monde.* 5 de agosto. Consultado el 16 de junio del 2015. http://www.lemonde.fr/emploi/article/2014/08/05/la-resilience-au-travail_4439006_1698637.html
- Vanistendael, Stefan y Jacques Lecomte. 2000. *Le*

bonheur est toujours possible. Construire la résilience.
París: Bayard.

www.en50Minutos.es

ISBN ebook: 9782806277480

ISBN papel: 9782806285898

Depósito legal: D/2016/12603/525

Libro realizado por Primento, *el socio digital de los editores*